LITTLE BLACK BOOK
DER
SHOTS & SHOOTERS

INHALTSVERZEICHNIS

LITTLE BLACK BOOK

DER

SHOTS & SHOOTERS

Das Handbuch für Kurze und Schnäpschen

ERIC FURMAN UND LOU HARRY

ÜBERSETZUNG AUS DEM AMERIKANISCHEN
VON JÜRGEN DUBAU

ILLUSTRIERT VON KERREN BARBAS

**WILEY-
VCH**

WILEY-VCH Verlag GmbH & Co. KGaA

**Bibliografische Information
der Deutschen Nationalbibliothek**

Die Deutsche Nationalbibliothek verzeichnet diese
Publikation in der Deutschen Nationalbibliografie;
detaillierte bibliografische Daten sind im Internet über
http://dnb.d-nb.de abrufbar.

1. Auflage 2009

© 2009 WILEY-VCH Verlag GmbH & Co. KGaA, Weinheim

Printed in Hong Kong

Gedruckt auf säurefreiem Papier

Satz: Kühn & Weyh, Satz und Medien, Freiburg
Druck und Bindung: Regal Printing Limited, Hong Kong

ISBN: 978-3-527-50496-1

CANADA

FLORIDA

FRANCE

EINFÜHRUNG

Alkoholische Getränke sind wie Musik: Sie helfen uns dabei, besondere Momente zu definieren. Denken Sie an einen wichtigen Augenblick Ihres Lebens, und falls dabei ein hochgeistiges Getränk eine Rolle gespielt hat, können Sie sich wahrscheinlich auch an dessen Geschmack erinnern: an das Bier aus dem Fässchen bei der Studentenverbindung, den Wein an diesem besonderen Abend oder den Champagner bei jener Hochzeit.

Shooters – also jene Alkoholika, die das Thema dieses Buches bilden – gehören zu den ganz speziellen Hochgenüssen. In geselliger Runde mit Freunden oder Kollegen werden Shooters im Allgemeinen freudig willkommen geheißen. Selten werden Sie etwas anderes sehen als Begeisterung, wenn so ein Tablett mit Shooters am Tisch eintrifft.

Doch eins nach dem anderen: Lassen Sie uns zuerst einmal den Unterschied zwischen Shots und Shooters festhalten. Mit Shot (wörtlich „Schuss", gemeint ist ein Kurzer oder Klarer)  bezeichnet man normalerweise ein kleines Glas mit nur einer Spirituose. Das

Standardmaß dafür sind 4 cl, doch nageln Sie uns nicht darauf fest, wenn's um die Rezepte geht. Ein Shot Bourbon oder ein Shot Gin oder ein Shot Tequila. Ganz schlicht und klar. Ein kleineres Shot-Glas, in das etwa 3 cl passen, nennt man Pony.

Shots sind ein effektives Prinzip der Getränkeverabreichung, das zum Ziel hat, den ganzen Inhalt auf einen Rutsch zu kippen. Anders gesagt: Nicht kleckern, sondern klotzen – Schlückchen zu nehmen zeugt von schlechten Manieren.

Und das Gleiche gilt auch für Shooters. Nur dass Shots simpel und schlicht sind, während Shooters ihren Stil haben. Stimmt, ein Shooter wird im Shot-Glas serviert, aber seine Zutaten können komplex sein, genauso wie die Vielfalt der Rezepturen. Das alles geht dem guten alten Shot ab.

Ein Shooter erfordert Kreativität und Arbeit, genaues Abmessen und Ausgewogenheit, einen erfahrenen Gaumen sowie einen kräftigen Magen. Mit Shooters können Säfte, Würzmittel, Fruchtstücke, Milch, verschiedene ausgewählte Gewürze und ... natürlich auch anderer Alkohol kombiniert werden. Ein Shooter verlangt in erster Linie, dass sein Schöpfer ein erfahrener „Mixperte" ist, an dritter Stelle kommt, dass er ein offensiver Trinker sein sollte, und irgendwo dazwischen muss er sich als kreativer Namensgeber für seine Kreationen hervortun.

So, sind nun alle Unklarheiten beseitigt? Ein Shot kann ein Shooter sein, aber ein Shooter ist niemals ein Shot. Einfach ausgedrückt: Ein Shooter ist ein gemixter Shot.

Shooters sollen Spaß machen und für große Gruppen geeignet sein. Und sie sollten ihren jeweils eigenen, unverwechselbaren Geschmack aufweisen – der rinnt manchmal glatt die Kehle herunter oder schmeckt auch schon mal scharf oder herb.

Dieses Buch soll Ihre Freude beim geselligen Genuss von Spirituosen steigern. So haben Sie mehr Spaß in der Bar Ihrer Wahl und sind auch zu Hause ein besserer Barkeeper.

Straight Shooting

Ich trinke mir andere
Leute interessant.

GEORGE JEAN NATHAN

Die Etikette beim Genuss von Shooters

DAMIT IHRE ERFAHRUNGEN MIT
SHOOTERS POSITIV SIND,
HIER EINIGE TIPPS:

 Kein Schlürfen oder Schlückchen nehmen. Dieser Sprit heißt nicht umsonst *Shot*. Anschauen, tief durchatmen und dann alles wie in einem Schuss auf einmal weg.

 Bestellen Sie immer eine Runde Shooters für alle, wobei einer aus der Runde den Deckel übernimmt. Hier wird nichts aufgeteilt.

 Seien Sie immer der erste, der eine Runde übernimmt. Man wird sich Ihrer lobend entsinnen.

 Geben Sie bei der ersten Runde immer Trinkgeld. Auch so wird man sich Ihrer wohlwollend erinnern.

 Stellen Sie nach dem Leeren alle Gläser auf das Tablett oder in Ihren Bereich an der Bar zurück.

 Viele Barkeeper begrüßen es, wenn die Gläser gestapelt werden – es sei denn das führt zu wackeligen Stapeln zerbrochenen Glases.

Die Grundausstattung Ihrer Bar

Natürlich wird nicht jeder Shooter in einer Kneipe genossen. Mancher gibt sich dieser Schwäche auch in privater Umgebung hin.

Um den Genuss zu maximieren, sollte der heimische Barbetreiber, der es aufs Mixen anlegt, für Folgendes sorgen:

Werkzeuge

GLÄSER – Die Qualität hängt hier vom persönlichen Geschmack ab. Für manchen muss es der Designer-Gläsersatz passender Shot-Gläser sein. Bei anderen tut's auch die bunte Sammlung gläserner Souvenirs aus Neuschwanstein, Schnapsgläsern vom Jahrmarkt oder ein neues Senfglassortiment. Jedem Tierchen sein Pläsierchen! Doch bedenken Sie: Cocktail- und Highball-Gläser sind akzeptabel, aber man neigt dazu, maßlos zu werden. Anders ausgedrückt: Wenn Sie ein Highball-Glas nehmen, müssen Sie darauf achten, wie viel Sie in Ihren Shooter gießen, damit Sie nicht 12 cl eines 60%igen Alkohols auf einmal hinunterkippen (was auf jeden Fall mehr schlecht als recht ist).

Immer dran denken: Halten Sie die Gläser sauber. Keiner will wie in einer Hafenkneipe aus einem dreckigen Glas trinken. Waschen Sie die Gläser mit Spülmittel ab, spülen Sie mit heißem Wasser nach und stellen Sie sie kopfüber zum Trocknen hin. Achten Sie immer darauf, ausreichend Gläser zur Hand zu haben, damit Ihnen bei einem wüsten Gelage nicht das Material ausgeht und Sie sich zum Abwaschen zurückziehen müssen.

SHAKER – Nein, hier geht's nicht um die konservative Glaubensgruppe, die schöne, schlichte Möbel in Amerika produziert. Es handelt sich natürlich um das metallene Gefäß (nehmen Sie bloß keines, das nicht aus Metall ist), groß genug, damit es sich nicht wie ein Spielzeug anfühlt, und idealerweise mit einem „Strainer" genannten Sieb versehen (die meisten werden gleich mit Strainer verkauft).

STRAINER – Gehört normalerweise zum Shaker. Wenn man aber einen freistehenden hat, ist das noch besser. Achten Sie darauf, dass die Löcher klein sind, damit weniger Fruchtfleisch und

Eisstückchen im Glas landen. Kann auch als Behelfsmikrofon dienen, falls man plötzlich eine Karaoke-Show improvisieren will.

FLASCHENÖFFNER – Es reduziert Ihre Zahnarztrechnung, wenn Sie immer einen zur Hand haben.

SCHÄLMESSER – Hauptsächlich für die fruchtigen Varianten der Shooters.

TABLETT – Nichts törnt mehr ab als der Barkeeper, der sechs Shooters mit beiden Händen servieren will und eine Überflutung produziert.

Ess- und Trinkbares – Die Zutaten

- Bitters
- „Bloody Mary"-Mix
- Club-Soda
- Cola
- Cranberrysaft
- Ginger Ale
- Grapefruitsaft
- Grenadine
- Zitronenlimonade
- Zitronen und Limetten
- Orangensaft
- „Piña Colada"-Mix
- Sour Mix
- Tabasco-Sauce
- Tomatensaft
- Tonic
- Worcestershire-Sauce

FEUERFEST – ÜBERLEBENS-TRAINING FÜR SHOOTERS

Natürlich ist auch dieser Zeitvertreib mit gewissen Risiken verbunden – größeren Risiken, als schwer verkatert und/oder tätowiert aufzuwachen. Um diese Risiken zu minimieren, halten Sie sich an die folgenden Ratschläge:

Es ist ein archaisches Vergnügen, einen flammenden Drink zu produzieren und ihn dann hinunterzustürzen. Doch bevor Sie sich an pyrotechnische Experimente wagen, denken Sie daran, dass eines der ungeschriebenen Gesetze für einen Abend voller Shooters lautet, am nächsten Morgen ohne Brandnarben aufzuwachen.

Demzufolge sollten Sie die Sicherheit an erste Stelle setzen – oder zumindest unter die Top Five.

Verzeihen Sie uns bitte, dass wir etwas Selbstverständliches erwähnen (doch manchmal muss das einfach sein): Pusten Sie die Flamme aus, bevor Sie trinken. Und lassen

Sie das brennende Getränk nicht unbeaufsichtigt.

Andere Tipps:

 Vorsicht vor der blauen Flamme. Nein, das ist kein Comicsuperheld. Sie entsteht beim Entzünden des Alkohols. Wegen der besonderen Beschaffenheit der Flamme sehen Sie sie bei normaler Beleuchtung vielleicht nicht gut. Das bedeutet: Nie mit dem Finger umrühren.

 Achten Sie darauf, dass die Alkoholflasche geschlossen ist, bevor Sie den Drink entzünden. Keiner hat Lust auf ein flammendes Inferno.

 Bei der Wahl der Gläser sollten Sie sich für solche entscheiden, bei denen das Getränk eine größere Oberfläche hat. Anders ausgedrückt: Ein Standard-Shot- oder Schnapsglas ist besser als ein Reagenzglas.

 Wenn Sie mit flammenden Drinks Eindruck schinden wollen, machen Sie das am besten zu Beginn eines genussvollen Abends. Warten Sie nicht erst, bis Sie oder Ihre Gäste schon angeheitert sind.

 Zwischen dem Entzünden des Drinks, dem Auspusten und Trinken sollten nur wenige Sekunden Zeit bleiben. Wenn der Drink zu lange brennt, zerspringt Ihnen am Ende womöglich das Glas oder – schlimmer noch – der Drink ist ruiniert!

AUTOFAHRER AUFGEPASST!

Seien wir doch ehrlich. Einer der Hauptgründe, warum viele Leute trinken (vor allem Shooters), ist, weil sie sich berauschen wollen. Daran ist nichts verkehrt und Erwachsene dürfen das in diesem Land auch gerne machen.

Probleme ergeben sich aus der Frage, was man machen darf und was nicht, wenn man betrunken ist. Dabei steht natürlich das Autofahren ganz oben auf der Liste. Wie viele Drinks vertragen Sie und können trotzdem noch fahren? Formulieren wir diese Frage einmal anders: Wenn Ihre Eltern, Ihr Kind oder eine andere Ihnen wichtige Person an der Straße entlang geht, wie viele Drinks sollte ein Fahrer auf eben dieser Straße Ihrer Meinung nach intus haben?

Also gehen Sie auf jeden Fall ganz auf Nummer sicher und legen vorher fest, wer fahren soll. Bedenken Sie auch Folgendes:

 Bei 0,3 Promille Alkohol im Blut beginnt in Deutschland die relative Fahruntüchtigkeit.

 Abhängig von verschiedenen Faktoren (z. B. Gewicht oder Geschlecht) erreicht man 0,3 Promille schon mit einem Drink.

 Ein Drink wird generell wie folgt definiert: 1,5 cl reiner Alkohol (100 %). Das sind 3 bis 3,5 cl eines 40%igen Getränks, 12 cl Wein (12,5 % Alkohol) oder 0,3 l Bier (4 % Alkohol).

 Das kann nur eines heißen:
Es ist es einfach nicht wert.

Rezepte

*Auf den Straßen wollen wir tanzen,
in den Saloons trinken
und im Separée schmusen.*

GROUCHO MARX IM FILM
Skandal in der Oper

Nun wird's Zeit, die Flaschen aufzuschrauben und die Gläser zu füllen. Wir haben einige Klassiker unter den Shooter-Rezepten ausgewählt und sie mit interessanten Originalen kombiniert. Es liegt in der Natur des Thekentums, dass kreative Mixer mit Rezepten herumspielen und Formeln variieren. Das können wir nur begrüßen – doch probieren Sie Ihre Rezepturen zunächst an sich selbst aus, ehe Sie sie Freunden verabreichen.

Vorab noch einige Anmerkungen zu den Rezepten: Man kann erstens schlecht abschätzen, für wie viele Leute die Shooters gemacht werden sollen. Wie schon festgestellt, genießt man Shooters am besten in geselliger Runde, aber Sie wissen nicht, wie groß die Gruppe wird. Darum ist es schwer, für die folgenden Rezepte präzise Maßangaben zu machen. Damit das hier einheitlich bleibt, geben wir die Rezepte jeweils in Teilen an.

Anders ausgedrückt: Wenn Sie für eine Person einen Shooter bereiten und dazu zwei Teile Gin und ein Teil Saft gehören, dritteln Sie das Glas gedanklich und füllen die Flüssigkeiten entsprechend ein.

Die Spirituosen und Beimischungen werden so allgemein wie möglich angegeben, doch wenn es drauf ankommt, geben wir auch Markennamen an. Sie sollten sich danach richten. Vertrauen Sie uns!

Ach, und noch eins: Denken Sie daran, dass Barkeeper ihr Wissen in einer Mischung aus mündlicher und schriftlicher Tradition weitergeben. Von daher könnten zwei Barkeeper den gleichen Drink unterschiedlich nennen. Bei unseren Recherchen fanden wir z. B. heraus, dass ein *Sledgehammer* einmal zu gleichen Teilen mit Jack Daniel's, Tequila Gold und Wodka gemacht wird, aber auch mit Pfefferminzlikör und Jägermeister oder gar Jack Daniel's/Southern Comfort/Sambuca. Da wird einem schon vor dem Trinken schwindlig. Doch das ist unser Job: Wir bringen Licht ins Dunkel und bereiten die Grundlage für das Wissen über Shooters. Und natürlich helfen wir Ihnen, Eindruck bei Ihren Freunden zu schinden.

Brandy-Shooters

Bordeaux ist der Trank für Jungen, Port der für Männer, doch wer danach trachtet, ein Held zu sein, muss Brandy trinken.

SAMUEL JOHNSON
(in James Boswells Biographie
Das Leben Samuel Johnsons)

Brandy wird aus Fruchtsaft oder Fruchtfleisch und Schalen hergestellt. Das Wort Brandy stammt vom holländischen Wort *brandewijn*, was im Deutschen unschwer erkennbar *Branntwein* bedeutet. Das ist nachvollziehbar, denn als die holländischen Händler dieses Getränk im 16. Jahrhundert ihren Freunden mitbrachten, versuchten sie mit den Worten „verbrannt" oder „gekocht" den würzigen und kräftigen Geschmack zu beschreiben, den sie in Spanien und Südfrankreich kennen gelernt hatten. Anscheinend reicht die Spirituose aber noch viel länger zurück als ihr Name – nämlich bis ins 7. oder 8. Jahrhundert, als die Alchemisten der muslimischen Welt mit der Destillation von Trauben und anderen Früchten zu medizinischen Zwecken experimentierten.

Tatsächlich gibt es drei verschiedene Arten von Brandy:

Trauben-Brandy hat, was nicht überrascht, als Ausgangsstoff fermentierten Traubensaft. Er wird auch aus zerkleinerten, aber – und

das ist wichtig! – *nicht* ausgepresstem Fruchtfleisch und Schalen von Trauben hergestellt.

Trester wird aus Trauben sowie ihren Schalen
und Stielen produziert, nachdem die Trauben
schon zur Weinproduktion ausgepresst worden
sind. Bekannte Beispiele dafür sind der italieni-
sche Grappa oder der deutsche Tresterbrand.
Diese Brandys bringen einen gewissen Kick mit:
Sie sind stark, haben aber doch einen anspre-
chend fruchtigen Geschmack.

Frucht-Brandy ist quasi selbsterklärend: ein
Brandy, der aus fermentierten Früchten (außer
Trauben) hergestellt wird. Bei Ihren eigenen
Rezepten sollten Sie allerdings darauf achten, kei-
nen *Brandy mit Fruchtgeschmack* zu kaufen. Das
ist nicht das Gleiche wie Frucht-Brandy, sondern
eigentlich ein Produkt, bei dem andere fruchtige
Geschmackszutaten (z. B. Brombeer-
Brandy) in den Brandy gegeben wer-
den.

Was die vertrauten Sorten angeht, ist
Cognac der weltweit bekannteste
Brandy. Er hat seinen Namen daher,
dass er aus den Trauben der französi-
schen Provinz Cognac hergestellt wird.
Calvados ist ein Apfel-Brandy und

stammt aus der Normandie, wo nicht genug Trauben zum Weinkeltern angebaut werden. Frankreich produziert auch einen bekannten Himbeer-Brandy namens Framboise. Ein wenig verwirrend ist, dass Sloe Gin eigentlich ein Brandy ist – er wird aus

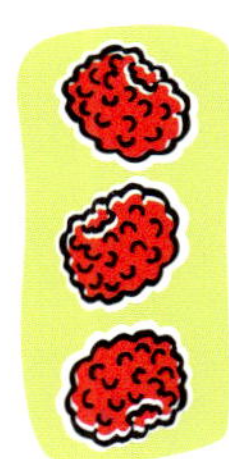

Schlehen hergestellt und hat eine rote Farbe (Sie finden Shooter-Rezepte mit Sloe Gin in diesem Teil des Buches).

Brandy ist eine landwirtschaftliche Spirituose. Er wird bei der Ernte von Trauben und anderen Früchten produziert, weil diese nicht so wie Getreide (der Grundlage für das Brennen von Whiskey, Wodka oder Gin) gelagert werden können. Warum ist diese Info wichtig für Sie? Tja, damit Sie besser abschätzen können, womit Brandy gemixt werden kann, jedenfalls was Shooters angeht.

Weil Brandy eben aus Früchten hergestellt wird und so fruchtig schmeckt, sollten Sie es sich zweimal überlegen, bevor Sie ihn beispielsweise mit Tabasco mixen. Wenn Sie eigene Shots erfinden, sollten Sie Brandy also mit Fruchtsäften und anderen süßen Getränken wie Grenadine mixen.

ADAM AND EVE

1 Teil Brandy
1 Teil Gin
1 Teil Passoã-Likör
1 Spritzer Limettensaft

Zutaten mit zerstoßenem Eis in einen Shaker geben. Gut schütteln und durchs Sieb in ein oder mehrere Shot-Gläser abseihen.

BRANDY-O

1 Teil Brandy
1 Spritzer Grenadine
2 Teile Orangensaft

Zutaten mit zerstoßenem Eis in einen Shaker geben. Gut schütteln und durchs Sieb in ein oder mehrere Shot-Gläser abseihen.

BULL'S SWEAT

1 Teil Sloe Gin
1 Teil Tabasco

Zutaten mit zerstoßenem Eis in einen Shaker geben. Gut schütteln und durchs Sieb in ein oder mehrere Shot-Gläser abseihen.

CLIFFHANGER

1 Teil Brandy
1 Teil Bailey's Irish Cream
1 Teil Kahlúa
Schlagsahne

Zutaten mit zerstoßenem Eis in einen Shaker geben. Gut schütteln und durchs Sieb in ein oder mehrere Shot-Gläser füllen.

COLORADO CIDER

1 Teil Brandy
1 Teil Apfelschnaps
1 Teil Zimtschnaps
1 Spritzer Apfelsaft

Zutaten mit zerstoßenem Eis in einen Shaker geben. Gut schütteln und durchs Sieb in ein oder mehrere Shot-Gläser abseihen.

CORPSE REVIVER

2 Teile Brandy
1 Teil Calvados
1 Teil lieblicher Wermut

Direkt in ein oder mehrere Shot-Gläser füllen.

COUGH DROP

1 Teil Brandy
1 Teil Pfefferminzschnaps

Direkt in ein oder mehrere Shot-Gläser füllen.

LUCKY STUD

1 Teil Metaxa Brandy
1 Teil Galliano Likör

Zutaten mit zerstoßenem Eis in einen Shaker geben. Gut schütteln und durchs Sieb in ein oder mehrere Shot-Gläser abseihen.

MACH 1

1 Teil Sloe Gin
1 Teil 7 Up

Direkt in ein oder mehrere Shot-Gläser füllen.

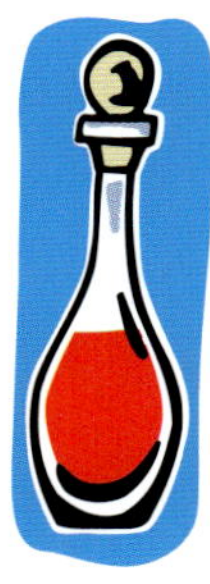

NITRO

1 Teil Brandy
1 Teil Goldschläger
1 Teil Sambuca

Direkt in ein oder mehrere Shot-Gläser füllen.

PATRIOTIC BLOW

1 Teil Sloe Gin
1 Teil Blue Curaçao
1 Spritzer Schlagsahne

Den roten Sloe Gin ins Shot-Glas füllen. Blue Curaçao obenauf gießen und mit Schlagsahne krönen. Schichten nicht vermischen.

SATIN SHEET

2 Teile Brandy
1 Spritzer Grenadine
1 Teil Birnenschnaps
4 Teile Orangensaft

Zutaten mit zerstoßenem Eis in einen Shaker geben. Gut schütteln und durchs Sieb in ein oder mehrere Shot-Gläser abseihen.

Gin-Shooters

*Trinken wir alle Gin
und verziehen das Gesicht.*

Bob Hope
in *Erbschaft um Mitternacht*

Vor der Zubereitung der Shooters sollten Sie Folgendes wissen:

Der Name Gin ist die englische Kurzform des holländischen Wortes *Genever*, was Wacholder bedeutet. Die frühesten Wurzeln des Gins können bis ins Holland des 17. Jahrhunderts zurückver-  folgt werden, wo er als Medizin für Magenbeschwerden, Gallensteine und Gicht verabreicht wurde. Die Briten eigneten sich diese Spirituose an, als die Truppen des Königs während des Dreißigjährigen Krieges den so genannten „Dutch Courage" (holländischer Mut) verabreicht bekamen, um sie auf andere Gedanken zu bringen. Die Soldaten nahmen das Getränk mit nach Hause. Heutzutage bekommt man überall dort guten Gin, wo es britische und holländische Einflüsse gab, z. B. in den USA, Australien und Neuseeland.

Gin ist im Grunde ein Getreidebranntwein, der mit Extrakten verschiedener Pflanzen verschnitten und dann erneut destilliert wird. Zu diesen pflanzlichen Zutaten gehören Wacholderbeeren, aber auch Anis, Koriander, Limetten,

Zitronen- und Orangenschalen, Süßholz, Bitter-
mandeln, Kümmel und Angelikawurzeln.

Es gibt verschiedene Varianten von Gin:

English oder London Dry Gin ist der Gin, den
man am besten mixen kann, vor allem, weil er
von einer Getreidesorte stammt, die gewöhnlich
keinen kräftigen Eigengeschmack aufweist.

Dutch/Genever/Sweet/Holland Gin bezieht
seinen Geschmack hauptsächlich von den
Wacholderbeeren und Getreidekörnern, daher
das *sweet/süß* in seinem Namen. Diesen Gin hält
man wegen seines typischen Geschmacks im Allgemeinen für nicht besonders gut geeignet für
Mixgetränke, und die meisten Barkeeper empfehlen ihn *on the rocks*. Machen Sie sich also schon
mal auf gekräuselte Lippen gefasst!

American Dry Gin hat einen geringeren Alkoholgehalt und weniger Geschmack als London
Dry Gin. Er eignet sich aber vorzüglich für Mixgetränke, vor allem, wenn Sie nichts anderes
haben.

Weil Gin eine Spirituose aus Getreide ist *und*
hauptsächlich fruchtig und frisch schmeckt, sollten Sie aufpassen, womit Sie ihn mixen. Wir emp-

fehlen andere süße und fruchtige Geschmacksrichtungen. Alles mit einem Nachklang von Süßholz ist okay, oder auch Trauben- oder Limettensaft, Blue Curaçao und Ähnliches. Halten Sie Gin-Shooters frei von Milch und Sahne.

Eine abschließende Bemerkung: Vielerorts wird empfohlen, Gin entweder nur *straight* (also pur) oder mit Eis in einem Highball-Glas oder mit Eis geschüttelt und durchs Sieb in ein Martini-Glas abgeseiht zu trinken. Im Prinzip stimmen wir dem zu, aber wir möchten Ihnen raten, auch einmal die folgenden (gemixten) Shooters zu probieren.

Bitten denken Sie immer daran:
Sloe Gin ist kein echter Gin.
Ihre Shots schmecken eigenartig,
wenn Sie Sloe Gin nehmen,
aber das Rezept Dry Gin verlangt
(also gut aufpassen!).

BLACKOUT

2 Teile Gin
2 Teile Brombeer-Brandy
1 Teil Zitronensaft
1 Teil Zuckersirup

Zutaten mit zerstoßenem Eis in einen Shaker geben. Gut schütteln und durchs Sieb in ein oder mehrere Shot-Gläser abseihen.

DEVASTATING BODY ROCKER

1 Teil Gin
1 Teil Brombeer-Brandy

Direkt in ein oder mehrere Shot-Gläser füllen.

EMERALD EYE

1 Teil Gin
2 Teile Blue Curaçao
1 Teil Midori Melonenlikör

Direkt in ein oder mehrere Shot-Gläser füllen.

EVIL TONGUE

2 Teile Gin
1 Teil Midori Melonenlikör
1 Spritzer Sour Mix
1 Spritzer 7 Up

Zutaten mit zerstoßenem Eis in einen Shaker geben. Gut schütteln und durchs Sieb in ein oder mehrere Shot-Gläser abseihen.

GIN AND BEAR IT

1 Teil Gin
½ Teil Bier

Mixen und Schuss!

GIN UND FRESCA

1 Teil Gin
1 Teil Fresca

Das ist kein Geheimnis: Beide Zutaten in ein oder mehrere Shot-Gläser füllen und wohl bekomm's!

GIN DAISY

2 Teile Gin
1 Teil Zitronensaft
1 Teelöffel Zucker
1 Spritzer Grenadine

Zutaten mit zerstoßenem Eis in einen Shaker geben. Gut schütteln und durchs Sieb in ein oder mehrere Shot-Gläser abseihen.

HONOLULU

1 Teil Gin

Jeweils 1 Spritzer Zitronen-, Orangen-
und Ananassaft

1 Spritzer Ananassirup

1 Tropfen Angostura-Bitter

Zutaten mit Eis in einen Shaker mixen. Durchs Sieb in ein oder mehrere Shot-Gläser abseihen und servieren.

ITALIAN VALIUM

1 Teil Gin
2 Teile Amaretto

Zutaten mit zerstoßenem Eis in einen Shaker geben. Gut schütteln und durchs Sieb in ein oder mehrere Shot-Gläser abseihen.

PAMOYO

1 Teil Gin
1 Teil Traubensaft
1 Teil Sprite

Zutaten mit zerstoßenem Eis in einen Shaker geben. Gut schütteln und durchs Sieb in ein oder mehrere Shot-Gläser abseihen.

P ATAGONIAN B LACK B USH

2 Teile Gin
1 Teil Fernet Branca
1 Spritzer Sour Mix

Direkt in ein oder mehrere Shot-Gläser füllen.

P INK G IN

1 Teil Dry Gin
1 Spritzer Cranberrysaft

Direkt in ein oder mehrere Shot-Gläser füllen.

PLEAD THE 5TH

1 Teil Gin
1 Teil Kahlúa
1 Teil Sambuca

Zutaten mit zerstoßenem Eis in einen Shaker geben. Gut schütteln und durchs Sieb in ein oder mehrere Shot-Gläser abseihen.

SLINGSHOT

1 Teil Gin
1 Teil Pfirsichschnaps
1 Teil Sour Mix
1 Spritzer Grenadine

Zutaten mit zerstoßenem Eis in einen Shaker geben. Durchs Sieb in ein oder mehrere Shot-Gläser abseihen.

Rum-Shooters

*Es gibt zweifelsohne nichts,
was den Geist so sehr zu
beruhigen vermag wie Rum
und wahre Religion.*

Lord Byron, *Don Juan*

Vor der Zubereitung der Shooters sollten Sie Folgendes wissen:

Zucker und Wasser – das sind die Hauptzutaten von Rum. Anders gesagt: eine süße Delikatesse. Rum wurde entdeckt, als die Betreiber der karibischen Zuckerrohrmühlen feststellten, dass der restliche Sirup fermentiert, wenn er mit Wasser vermischt in der Sonne stehengelassen wird. Die englischen Kolonialherren tauften diese Spirituose „Kill Devil" (weil sie einen ganz schönen Kater verursachen konnte) und „Rumbullion" (der Ursprung dieses Namens ist unklar). Offensichtlich ist dieser zweite Name die längere Version unseres lieb gewonnenen, starken Favoriten.

Rum hat seine eigene Klassifikation:

Weißer Rum heißt so, weil er einen besonders leichten Körper aufweist und durchsichtig ist. Seine komplexen Geschmacksnoten sind des Gaumens eines Genießers wert. Weißer Rum verbindet sich gut mit fast allen fruchtigen Geschmacksrichtungen.

Goldener oder bernsteinfarbener Rum hat einen mittleren Körper.

Dunkler Rum verströmt einen aufregenden Karamellgeschmack. Er ist meist von sehr vollem Körper und jahrelang in Fässern gereift. Zum Mixen eignet er sich nicht so gut und wird meist pur getrunken.

Spiced Rum (gewürzter Rum) kann weiß, golden oder dunkel sein und verströmt ein Aroma nach Gewürzen und Früchten.

Rum stammt von tropischen Inseln, aber konkurriert nun an sehr vielen nicht-tropischen Orten mit Wodka als Grundlage für die „Mix-Wahl". Er wird in allen Ecken der Welt und auf jedem Kontinent außer der Antarktis produziert. Vielleicht liegt das an seinem hohen Zuckeranteil (süße Sachen haben, wie man überall weiß, einen extrem großen Fanclub). Rum kann gut mit vielen anderen Getränken gemixt werden – er gleicht die weniger süßen Zutaten aus und intensiviert die wirklich süßen Geschmacksnoten. Anders ausgedrückt: Wenn Sie auf Tabasco stehen, wäre ein Bacardi mit 75 % eine prima Ergänzung. Wenn Sie Pfir-

sichschnaps gerne mögen, können Sie den ideal mit Weißem Rum mixen. Schokolade, Banane, Dry Vermouth – alles ist akzeptabel, wenn's um Rum-Shooters geht.

BLUE SMURF PISS

1 Teil Bacardi Rum 75 %
1 Teil Blue Curaçao
1 Teil Goldschläger
1 Teil Jägermeister
1 Teil Rumple Minze

Zutaten mit zerstoßenem Eis in einen Shaker geben. Gut schütteln und durchs Sieb in ein oder mehrere Shot-Gläser abseihen.

BUTTERNUT RUM LIFESAVER

1 Teil Rum
1 Teil Bailey's Irish Cream
1 Teil Butterscotch-Schnaps
1 Teil Ananassaft

Zutaten mit zerstoßenem Eis in einen Shaker geben. Gut schütteln und durchs Sieb in ein oder mehrere Shot-Gläser abseihen.

CORKSCREW

2 Teile heller Rum
1 Teil Dry Vermouth
1 Teil Pfirsichschnaps
1 Zitronenscheibe

Zutaten mit zerstoßenem Eis in einen Shaker geben. Gut schütteln und durchs Sieb in ein oder mehrere Shot-Gläser abseihen. Nach dem Trinken an der Zitronenscheibe saugen.

FIERY NIPPLE

1 Teil Butterscotch-Schnaps
1 Teil Bailey's Irish Cream
1 Teil Goldschläger
1 Spritzer Bacardi Rum 75 %

In Shot-Glas jede Zutat vorsichtig so einfüllen, dass sie auf der vorigen schwimmt, und anzünden. Auspusten und dann trinken!

FLAMING GIRAFFE

2 Teile Kahlúa
1 Teil Butterscotch-Schnaps
1 Teil Bacardi Rum 75 %

Kahlúa in Shot-Glas füllen und Butterscotch-Schnaps hinzugeben. Den Bacardi obenauf schwimmen lassen und entzünden. Vor dem Trinken auf jeden Fall auspusten!

The Grinch

1 Teil Rum
1 Teil Bananenlikör
1 Teil Midori Melonenlikör
1 Spritzer 7 Up

Zutaten mit zerstoßenem Eis in einen Shaker geben. Gut schütteln und durchs Sieb in ein oder mehrere Shot-Gläser abseihen.

Liquid Cocaine

1 Teil Bacardi Rum 75 %
1 Teil Goldschläger
1 Teil Jägermeister

Direkt in ein oder mehrere Shot-Gläser füllen.

ORANGE CRISIS

2 Teile heller Rum
2 Teile Pfirsichschnaps
1 Teil Aprikosen-Brandy
1 Teil Triple Sec
1 Teil Sahne
1 Spritzer Grenadine

Zutaten mit zerstoßenem Eis in einen Shaker geben. Gut schütteln und durchs Sieb in ein oder mehrere Shot-Gläser abseihen.

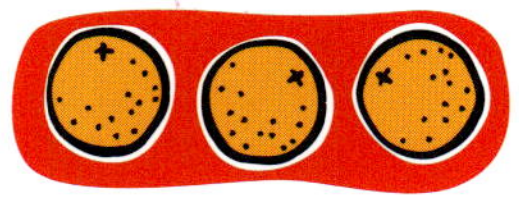

RUMKA

1 Teil Rum
1 Teil Wodka

Zutaten mit zerstoßenem Eis in einen Shaker geben. Gut schütteln und durchs Sieb in ein oder mehrere Shot-Gläser abseihen.

SCOOBY SNACK

1 Teil Rum
1 Teil Crème de Bananes
1 Teil Midori Melonenlikör
1 Teil Ananassaft
1 Teil Schlagsahne

Zutaten mit Schlagsahne auf zerstoßenes Eis in
einen Shaker geben. Gut schütteln und durchs
Sieb in ein oder mehrere Shot-Gläser abseihen.

SPARKPLUG

1 Teil Bacardi Rum 75 %
1 Teil Rumple Minze

Bacardi 75 % direkt ins Glas füllen
und Rumple Minze hinzugeben.
Nicht mixen.

SUICIDE: THE SHOT

6 Teile Bacardi Rum 75 %
1 Teil Tabasco

Rum direkt ins Glas füllen. Tabasco obenauf schwimmen lassen. Nicht umrühren.

SURFER ON ACID

1 Teil Rum
1 Teil Jägermeister
1 Teil Ananassaft

Zutaten mit zerstoßenem Eis in einen Shaker geben. Gut schütteln und durchs Sieb in ein oder mehrere Shot-Gläser abseihen.

1 Teil Bacardi Light Rum
1 Teil Bacardi Spice Rum
1 Spritzer Cola
1 Spritzer Zitronensaft

Zutaten mit zerstoßenem Eis in einen Shaker geben. Gut schütteln und durchs Sieb in ein oder mehrere Shot-Gläser abseihen.

Tequila-Shooters

Mit dem Computer kann man mehr Fehler in kürzerer Zeit begehen als mit jeder anderen Erfindung in der Menschheits-geschichte – mit Ausnahme von Handfeuerwaffen und Tequila.

MITCH RATCLIFFE,
Technology Review (April 1992)

Tequila wurde erstmals in Mexiko hergestellt, und zwar von religiösen Würdenträgern. Sie haben richtig gelesen: Die spirituellen Meister brannten den Sprit selbst. Damals nannte man das aber noch nicht Tequila, sondern Mezcal. Dieser Wein bezog seinen Namen von der Pflanze, die den Grundstoff lieferte. Dann entdeckten die Spanier 1656 die Stadt Tequila in einem Tal des Staates Jalisco und erkannten sehr schnell, dass sie ideal zu dem ebenfalls neu errichteten Hafen von San Blas gelegen war.

Ein Gentleman namens Jose Antonio Cuervo erkannte das Potenzial von Tequila und wurde 1758 der erste, der den *Tequila* kultivierte und produzierte. Señor Cuervo baute auf seinem Land Agaven an und stellte seinen Tequila aus Agaven her statt aus Mezcal. Mitte des 19. Jahrhunderts wuchsen auf seinen Plantagen über drei Millionen dieser Pflanzen.

Mezcal und Tequila unterscheiden sich sowohl im Produktionsprozess als auch im Geschmack. Damit eine Spirituose sich Tequila nennen darf, muss sie mindestens aus 51 % Agaven bestehen. Während Tequila immer doppelt und manchmal auch dreifach destilliert wird, brennt man Mezcal immer nur einmal. Mezcals sind ein wenig kräftiger, aber auch immer etwas rauer im Geschmack. Von daher finden wir aktuell über 500 verschiedene Tequila-Marken, aber nur etwa 100 Mezcal-Sorten.

Der Mezcal-Wurm (eigentlich eine Schmetterlingsraupe) ist nicht, wie viele meinen, ein traditioneller Bewohner der Mezcal-Flasche. Ursprünglich blieben die Würmer eher zufällig in Mezcal- oder Tequila-Flaschen zurück. Heutzutage nutzt man das eher als Marketingmasche: „In jeder Flasche Tequila bekommen Sie kostenlos einen Wurm dazu!" Falls Sie einen feinfühligen Gaumen haben, sollten Sie wissen, dass der rote Wurm als dem weißen überlegen betrachtet wird (Letzterer wird in der Flüssigkeit grau). Es ist okay, den Wurm mit hinunterzuschlucken, falls Sie das Glück haben, einen in Ihrem Glas zu finden. Immerhin besteht er vor allem aus Eiweiß und Alkohol und tut auch nicht weh! Also: Runter damit!

Wenn Sie eigene Tequila-Shooters kreieren, sollten Sie daran denken, dass es sich bei Mezcal und Agaven um Pflanzen handelt. Genau wie beim Brandy haben wir es mit einer landwirtschaftlichen Spirituose zu tun. Also mixen Sie Tequila nicht mit Milch und Sahneprodukten. Doch weil Tequila ein feuriges Aroma hat, kann man ihn gut mit scharfen Sachen wie Tabasco und ... ja, vielleicht auch mit Schokolade mit Pfefferstückchen mischen. Damit wollen wir nicht behaupten, das jemals probiert zu haben; es war nur so eine Idee.

ARMY GREEN

1 Teil Tequila
1 Teil Goldschläger
1 Teil Jägermeister

Direkt in ein oder mehrere Shot-Gläser füllen.

BLACK CACTUS

1 Teil Tequila
1 Teil Brombeer-Brandy
1 Teil Club Soda

Zutaten mit zerstoßenem Eis in einen Shaker geben. Gut schütteln und durchs Sieb in ein oder mehrere Shot-Gläser abseihen.

CAPTAIN CRUNCH

1 Teil Tequila Rose
1 Teil Kahlúa
1 Teil Vanilleschnaps
1 Teil Sahne
1 Spritzer Grenadine

Zutaten mit zerstoßenem Eis in einen Shaker geben. Gut schütteln und durchs Sieb in ein oder mehrere Shot-Gläser abseihen.

DEEP BLUE SEA

2 Teile Tequila
1 Teil Blue Curaçao

Tequila in Shot-Gläser geben. Dann Blue Curaçao vorsichtig an der Seite des Glases einfüllen, sodass er unter den Tequila gelangt. Nicht mixen.

DIRTY SAILOR

1 Teil Tequila
1 kleiner Klecks Mayonnaise

Tequila in Shot-Gläser geben. Etwas Mayonnaise aus einer Portionspackung in den Shot geben.

FLAT TIRE

2 Teile Jose Cuervo Especial Gold Tequila
1 Teil schwarzer Sambuca

Zutaten mit zerstoßenem Eis in einen Shaker geben. Gut schütteln und durchs Sieb in ein oder mehrere Shot-Gläser abseihen.

FLATLINER

1 Teil Sambuca
1 bis 1 ½ Teile Tequila
3 Spritzer Tabasco

Zuerst den Sambuca ins Shot-Glas füllen, dann den Tequila. Zum Schluss Tabasco hinzufügen. Darauf achten, dass die Schichten sich nicht mischen.

GRATEFUL DEAD

1 Teil Tequila
1 Teil Rum
1 Teil Wodka
1 Teil Chambord
1 Teil Triple Sec

Zutaten mit zerstoßenem Eis in einen Shaker geben. Gut schütteln und durchs Sieb in ein oder mehrere Shot-Gläser abseihen.

LUMBERJACK

1 Teil Tequila
1 Teil Ouzo
1 Teil Sambuca
1 Spritzer Tabasco

Spirituosen direkt in ein oder mehrere Shot-Gläser füllen. Spritzer der scharfen Sauce hinzugeben.

MEXICAN PRAIRIE FIRE

3 Teile Jose Cuervo Especial Gold Tequila
1 Teil Tabasco

Tequila direkt in ein oder mehrere Shot-Gläser geben. Tabasco auf dem Tequila schwimmen lassen. Nicht umrühren.

THE MUPPET

1 Teil Tequila
1 Teil 7 Up

Beide Flüssigkeiten direkt in eines oder mehrere Shot-Gläser geben. Glas mit der Handfläche abdecken, hochheben und auf den Tisch knallen lassen, damit die Zutaten sich vermischen. Sofort trinken.

ROOSTER TAIL

1 Shot Jose Cuervo Especial Gold Tequila
1 Shot Orangensaft
1 Shot Tomatensaft
1 Prise Salz

Den Tequila sowie Orangen- und Tomatensaft in getrennte Shot-Gläser füllen. Einmal kurz mit der Zunge über den Handrücken lecken und Salz draufstreuen. Dann schnell das Salz von der Hand lecken und sofort danach Tequila, Orangensaft und Tomatensaft (in dieser Reihenfolge) trinken.

SPIDER BITE

1 Teil Tequila
1 Teil Anisette

Zutaten mit zerstoßenem Eis in einen Shaker geben. Gut schütteln und durchs Sieb in ein oder mehrere Shot-Gläser füllen.

T.K.O.

1 Teil Tequila
1 Teil Kahlúa
1 Teil Ouzo

Zutaten mit zerstoßenem Eis in einen Shaker geben. Gut schütteln und durchs Sieb in ein oder mehrere Shot-Gläser abseihen.

TEQUILA SUNSET

2 Teile Tequila
2 Teile Orangensaft
1 Teil Brombeer-Brandy
1 Maraschinokirsche

Tequila und Orangensaft mit zerstoßenem Eis in einen Shaker geben. Gut schütteln und in ein oder mehrere Shot-Gläser abseihen. Brandy hinzugeben und trinken. Dann Kirsche essen.

Three Sheets to the Wind

1 Teil Tequila
1 Teil Jägermeister
1 Teil Rumple Minze

Direkt in ein oder mehrere Shot-Gläser füllen.

White Tornado

3 Teile Sambuca
1 Teil Tequila Rose

Sambuca direkt in ein oder mehrere Shot-Gläser geben. Tequila Rose langsam einfüllen und dabei an der Glaswand hinablaufen lassen. Dann Glas schwenken.

Wodka-Shooters

Man stürzt den Wodka nicht einfach so hinunter. Nein, mein Herr. Zuerst nehmen Sie einen tiefen Atemzug, wischen sich die Hände ab und blicken zur Decke, um Ihren Gleichmut zu demonstrieren. Erst dann erheben Sie das Glas Wodka langsam und führen es an die Lippen. Dann plötzlich ... sprühen Funken! Sie fliegen aus Ihrem Bauch bis zu den entferntesten Stellen Ihres Leibes.

ANTON TSCHECHOW, *Die Sirene*

Wodka wird allgemein als das weltweit beliebteste Getränk zum Mixen betrachtet. Es wurde zuerst in Polen oder Russland (oder beiden) produziert, und in beiden Ländern trinkt man diese Spirituose schon seit langem wie Wasser. Interessanterweise bedeutet das Wort *voda*, das der Ursprung für den Namen dieses hochgeistigen Getränks sein soll, im Russischen „Wasser".

Diese klare Spirituose wurde seit dem 12. Jahrhundert zu medizinischen Zwecken aus Roggen destilliert und als Anästhetikum sowie als Desinfektionsmittel eingesetzt. Obwohl der Ursprung des Wodkas im Roggen liegt, wechselte man als Grundstoff bald zu Kartoffeln, weil diese viel einfacher zu produzieren und leichter zu brennen sind. Doch bald schon schwenkte man zu Mais,  Weizen, Roggen und Gerste um, weil der Wodka einfach nicht so gut schmeckt, wenn er in Massen produziert wird. Heute brennt man Wodka solange, bis er einen sehr hohen Alkoholgehalt aufweist, und filtert ihn durch Aktivkohle. Das führt zu einer besonders klaren Spirituose praktisch ohne Geschmack. Das ist gut für uns, weil Wodka sich darum so gut als Grundlage für Mixgetränke eignet. Wodka kann sich an praktisch alle Zutaten anpassen und deren Geschmacksnoten akzentuieren: von anderen Alkoholsorten über Fruchtsäfte bis zu Pfefferminz oder Milch. Genau, Milch! Wodka ist eine der wenigen hochgeistigen Getränke, die gut zu Milchprodukten passen. Wenn Sie also einkaufen gehen und nur eine Sorte Alkohol kaufen wollen, die zu möglichst vielen Shooters passen soll, dann entscheiden Sie sich für Wodka. Alles, was Sie dann damit aus Kühlschrank oder Bar hervorzaubern, wird Sie als kreatives Genie erscheinen lassen ... außer es handelt sich um die Reste des Döners von vor zwei Wochen oder ein Glas mit Gurkenessig. Das wäre einfach nur eklig.

ANTI-FREEZE

1 Teil Wodka
1 Teil Crème de Menthe

Zutaten mit zerstoßenem Eis in einen Shaker geben. Gut schütteln und durchs Sieb in ein oder mehrere Shot-Gläser abseihen.

APPLE CAKE

1 Teil Vanille-Wodka
1 Teil Apfellikör
1 Prise Zimt

Zutaten mit zerstoßenem Eis in einen Shaker geben. Gut schütteln und durchs Sieb in ein oder mehrere Shot-Gläser abseihen.

APPLE DUMPLING

4 Teile Wodka
2 Teile Zimtschnaps
1 Teil Apfelsaft

Zutaten mit zerstoßenem Eis in einen Shaker geben. Gut schütteln und durchs Sieb in ein oder mehrere Shot-Gläser abseihen.

APPLE PIE

1 Teil Wodka
1 Teil Apfelmus

Wodka direkt in ein oder mehrere Shot-Gläser füllen. 1 Teelöffel Apfelmus hinzugeben.

BLOW JOB

1 Teil Kahlúa
1 Teil Bailey's Irish Cream
1 Teil Wodka
Schlagsahne

Die ersten drei Zutaten auf zerstoßenes Eis in einen Shaker geben. Gut schütteln und durchs Sieb in ein oder mehrere Shot-Gläser abseihen. Ein Häubchen aus Schlagsahne aufsetzen. Zum Trinken suchen Sie sich in der Bar einen attraktiven Gast Ihres bevorzugten Geschlechts, der oder die sich auf einem Barhocker sitzend das volle Glas zwischen die Knie klemmt. Ohne die Hände zu benutzen, nehmen Sie das Glas von den Knien auf, indem Sie es sich zwischen die Lippen stecken, legen den Kopf in den Nacken und trinken den Shot auf Ex!

BRUISED HEART

1 Teil Wodka
1 Teil Chambord
1 Teil Pfirsichschnaps
1 Teil Cranberrysaft

Zutaten mit zerstoßenem Eis in einen Shaker geben. Gut schütteln und durchs Sieb in ein oder mehrere Shot-Gläser füllen.

CASBA SHOT

2 Teile Wodka
2 Teile Triple Sec
1 Teil Chambord
1 Teil Limettensaft
1 Teil Sour Mix

Zutaten mit zerstoßenem Eis in einen Shaker geben. Gut schütteln und durchs Sieb in ein oder mehrere Shot-Gläser abseihen.

CHOCOLATE CAKE

1 Teil Wodka
1 Teil Frangelico (Haselnusslikör)
Zucker
1 Scheibe Zitrone

Wodka und Frangelico auf zerstoßenes Eis in einen Shaker geben. Gut schütteln und in ein oder mehrere Shot-Gläser abseihen. Zum Schluss an der mit Zucker bestreuten Zitronenscheibe saugen.

DEAD NAZI

1 Teil Wodka
1 Teil Jägermeister
1 Teil Rumple Minze

Zutaten mit zerstoßenem Eis in einen Shaker geben. Gut schütteln und durchs Sieb in ein oder mehrere Shot-Gläser abseihen.

4TH OF JULY

1 Teil Grenadine
1 Teil Wodka
1 Teil Blue Curaçao

Zutaten in der folgenden Reihenfolge in ein oder mehrere Shot-Gläser füllen: Grenadine, Wodka, Blue Curaçao.

HAWAIIAN

1 Teil Wodka
1 Teil Amaretto
1 Teil Cranberrysaft

Zutaten mit zerstoßenem Eis in einen Shaker geben. Gut schütteln und durchs Sieb in ein oder mehrere Shot-Gläser abseihen.

KAMIKAZE

4 Teile Wodka
3 Teile Triple Sec
1 Spritzer Limettensaft
1 Spritzer Sour Mix

Zutaten mit zerstoßenem Eis in einen Shaker geben. Gut schütteln und durchs Sieb in ein oder mehrere Shot-Gläser abseihen.

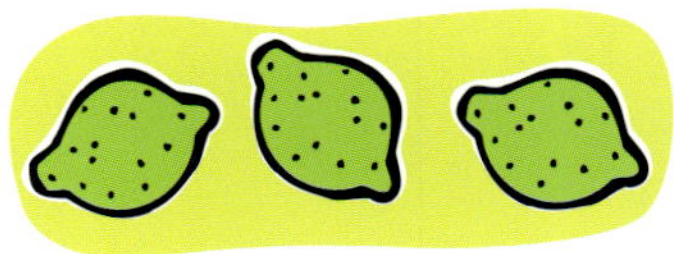

KEY LIME PIE

3 Teile Licor 43
1 Teil Wodka
1 Teil Rose's Lime Juice
1 Teil Milch oder Sahne

Zutaten mit zerstoßenem Eis in einen Shaker geben. Gut schütteln und durchs Sieb in ein oder mehrere Shot-Gläser füllen.

MIND ERASER

1 Teil Kahlúa
2 Teile Wodka
2 Spritzer Butterscotch-Schnaps
1 Spritzer Cola

Ein Highball-Glas mit Eis füllen und die Flüssigkeiten vorsichtig aufeinander schichten, damit sie sich nicht vermischen: zuerst Kahlúa, dann Wodka und Butterscotch, zum Schluss die Cola. Durch einen Strohhalm den Shot vom Boden des Glases in einem Rutsch austrinken. Kein Schlürfen, keine Pause.

MUDSLIDE

1 Teil Wodka
1 Teil Kahlúa
1 Teil Bailey's Irish Cream

Zutaten mit zerstoßenem Eis in einen Shaker geben. Gut schütteln und durchs Sieb in ein oder mehrere Shot-Gläser abseihen.

POLAR BEAR

1 Teil Wodka
1 Teil Pfefferminzschnaps

Zutaten mit zerstoßenem Eis in einen Shaker geben. Gut schütteln und durchs Sieb in ein oder mehrere Shot-Gläser abseihen.

PURPLE HOOTER

1 Teil Wodka
1 Teil Chambord
1 Spritzer 7 Up

Zutaten mit zerstoßenem Eis in einen Shaker geben. Gut schütteln und durchs Sieb in ein oder mehrere Shot-Gläser abseihen.

PURPLEPALOOZA

2 Teile Bacardi Limón
1 Teil Blue Curaçao
1 Teil Selters
1 Spritzer Grenadine

Zutaten mit zerstoßenem Eis in einen Shaker geben. Gut schütteln und durchs Sieb in ein oder mehrere Shot-Gläser abseihen.

RED SHARK

1 Teil Wodka
1 Teil Bourbon
1 Teil Amaretto
3 Spritzer Grenadine
2 Spritzer scharfe Sauce

Zutaten mit zerstoßenem Eis in einen Shaker geben. Gut schütteln und durchs Sieb in ein oder mehrere Shot-Gläser abseihen.

SEA BREEZE

2 Teile Wodka
3 Teile Cranberrysaft
3 Teile Grapefruitsaft

Zutaten mit zerstoßenem Eis in einen Shaker geben. Gut schütteln und durchs Sieb in ein oder mehrere Shot-Gläser abseihen.

SEX ON THE BEACH

1 Teil Wodka
1 Teil Pfirsichschnaps
3 Teile Cranberrysaft
3 Teile Orangen- oder Ananassaft

Zutaten mit zerstoßenem Eis in einen Shaker geben. Gut schütteln und durchs Sieb in ein oder mehrere Shot-Gläser abseihen.

SHARPSHOOTER

1 Teil Wodka
1 Teil Ouzo
6 Tropfen Tabasco

Direkt in ein oder mehrere Shot-Gläser füllen.

SILK PANTIES

2 Teile Wodka
2 Teile Pfirsichschnaps
1 Teil Himbeerlikör

Zutaten mit zerstoßenem Eis in einen Shaker geben. Gut schütteln und durchs Sieb in ein oder mehrere Shot-Gläser füllen.

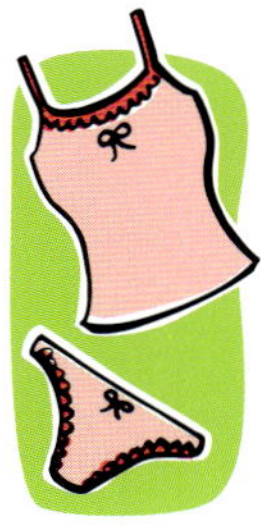

3 Schuss Wodka
1 Spritzer Midori Melonenlikör
1 Spritzer Orangensaft
1 Spritzer Cranberrysaft

Drei Wodka-Shot-Gläser in einer Reihe aufstellen. Einen Spritzer Midori in das erste Glas, einen Spritzer Orangensaft in das zweite und einen Spritzer Cranberry in das dritte geben. Die Ampel zeigt grün – vorwärts! Sie wird gelb – weitermachen! Das Licht ist rot – stopp, Sie sind fertig.

THE TRIPLE

1 Teil Wodka
1 Teil Goldschläger
1 Teil Jägermeister

Direkt in ein oder mehrere Shot-Gläser füllen.

Shooters mit Whiskey und Bourbon

Whiskey – ich mag ihn, immer schon,
und das ist der Grund,
warum ich ihn nicht trinke.

General Robert E. Lee

Whiskey (in Schottland Whisky) und Bourbon – worin um Himmels willen unterscheiden sich die beiden? Nun, eigentlich gibt's kaum einen Unterschied außer in ein paar Prozentpunkten. Damit eine Spirituose als Bourbon eingestuft werden darf, muss sie mindestens 51 Prozent Mais aufweisen. Whiskey hingegen darf höhere Anteile von gemälzter Gerste, Weizen und Roggen enthalten. Whiskey gibt es schon sehr, sehr lange – manche Iren behaupten, dass ihre Whiskey-Tradition bis über tausend Jahre zurückreicht in eine Zeit, als man zuerst Bier braute und die Überreste dann wahrscheinlich gebrannt hat.

Bourbon erhielt seinen Namen etwa im 17. Jahrhundert an den Flüssen Ohio und Mississippi, als die nach Kentucky einwandernden Bauern aus ihrem Mais dieses Zeug brannten. Dieser Whiskey wurde dann von seinem Produktionsort Bourbon County, Kentucky, flussabwärts nach New Orleans verschifft. Bald schon wurde er als „Whiskey aus Bourbon" bezeich-

net, was sich recht bald auf Bourbon verkürzte. Bourbon und Whiskey durchlaufen den gleichen Destillationsvorgang und haben viele Geschmacksnoten gemeinsam. Merken Sie

es sich so: Bourbon kann Whiskey sein, aber Whiskey kann kein Bourbon sein.

Bourbon reift zwischen zwei und acht Jahren im Fass. Weil er im Laufe der Reifung besser wird, sollten Sie im Laden auf diese kostspieligeren, länger gereiften Sorten achten. Auch bemerkenswert: Viele der heutzutage besten Bourbons werden in Eichenfässern gelagert, die innen ausgekohlt wurden, was der Spirituose ihren rötlichen Ton und rauchige Aromanoten gibt.

Ein Whiskey ist ein ausgezeichneter Drink, dessen Aroma man am besten ohne alles genießt, entweder pur oder *on the rocks*. Das gilt besonders für Irish Whiskey und Scotch Whisky. Mit anderen Worten: Sie finden bei den Shooter-Rezepten kaum Irish oder Scotch Whisk(e)ys. Da bleibt uns noch Bourbon, ein sehr amerikanisches Produkt. Tatsächlich wird nirgendwo anders auf der Welt Whiskey namens „Bourbon" hergestellt.

Bei den meisten der folgenden Rezepte gehört also ein Bourbon dazu. In manchen Fällen empfehlen wir wegen der besonderen Würze und Aromanoten eine spezielle Bourbon-Marke (z. B. Southern Comfort). Doch meist tun es auch andere Bourbon-Sorten.

Wenn Sie eigene Shots kreieren, sollten Sie daran denken, dass Bourbon gut zu schäumenden Getränken passt, z. B. Cola, 7 Up oder Sodawasser. Mit süßen Getränken wie Grenadine, Amaretto und Sour Mix steigern Sie den Genuss eines Bourbon-Shooters ebenfalls. Man kann bei den Shots auch gut verschiedene Bourbons miteinander mixen, weil ihre unterschiedlichen Geschmacksnoten und Stärken so breit gefächert sind. Aber auch hier der Rat: Finger weg von Milch und Sahne (Erkennen Sie schon das Prinzip?).

ALABAMA SLAMMER

1 Teil Southern Comfort
1 Teil Amaretto
1 Teil Sloe Gin
1 Spritzer Orangensaft
1 Spritzer Sour Mix

Zutaten mit zerstoßenem Eis in einen Shaker geben. Gut schütteln und durchs Sieb in ein oder mehrere Shot-Gläser abseihen.

THE ATP

1 Teil Bourbon
1 Teil Amaretto

Direkt in ein oder mehrere Shot-Gläser füllen.

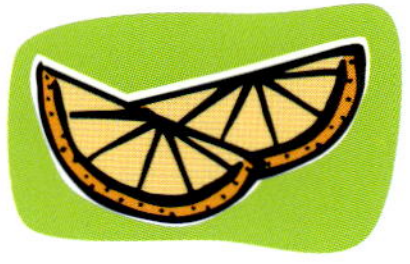

BEAM ME UP

1 Teil Jim Beam Bourbon
1 Teil Amaretto
3 Teile Cola

Zutaten mit zerstoßenem Eis in einen Shaker geben. Gut schütteln und durchs Sieb in ein oder mehrere Shot-Gläser abseihen.

BEAM SCREAM

1 Teil Jim Beam Bourbon
1 Teil Aftershock

Direkt in ein oder mehrere Shot-Gläser füllen.

Blood Clot

2 Teile Southern Comfort
1 Teil Grenadine
3 Teile 7 Up

Grenadine und 7 Up in einem 0,3 l Bierglas mixen (etwa halbvoll). Ein Schnapsglas mit Southern Comfort hineingleiten lassen. Auf Ex trinken.

Brain Damage

2 Teile Bourbon
1 Teil Tía Maria Kaffeelikör
2 bis 3 Tropfen Grenadine

Direkt in ein oder mehrere Shot-Gläser füllen.

CHERRY BLOW POP

1 Teil Bourbon
1 Teil Amaretto
1 Teil Grenadine

Zutaten mit zerstoßenem Eis in einen Shaker geben. Gut schütteln und durchs Sieb in ein oder mehrere Shot-Gläser abseihen.

CHERRY LIFESAVER

1 Teil Bourbon
1 Teil Amaretto
2 Teile Sour Mix
1 Spritzer Grenadine

Zutaten mit zerstoßenem Eis in einen Shaker geben. Gut schütteln und durchs Sieb in ein oder mehrere Shot-Gläser abseihen.

DEPRESSED GOALIE

1 bis 1 ½ Teile Bourbon
1 Teil Cola
1 Teil Mountain Dew

Zutaten mit zerstoßenem Eis in einen Shaker geben. Gut schütteln und durchs Sieb in ein oder mehrere Shot-Gläser abseihen.

FRUITY PASSION

1 Teil Bourbon
1 Teil Triple Sec
1 Teil Grenadine

Direkt in ein oder mehrere Shot-Gläser füllen.

GREEN APPLE

1 Teil Bourbon
1 Teil Midori Melonenlikör
1 Spritzer Sour Mix

Direkt in ein oder mehrere Shot-Gläser füllen.

JIM'S NUTS

1 Teil Jim Beam Bourbon
1 Teil Amaretto

Direkt in ein oder mehrere Shot-Gläser füllen.

Kentucky Wildcat

1 Teil Jack Daniel's
1 Teil Jim Beam Bourbon
1 Teil Southern Comfort
1 Teil Yukon Jack
2 Teile Sour Mix
2 Teile Coca-Cola

Zutaten mit zerstoßenem Eis in einen Shaker geben. Gut schütteln und durchs Sieb in ein oder mehrere Shot-Gläser abseihen.

Pineapple Bomb

1 Teil Bourbon
1 Teil Triple Sec
1 Teil Ananassaft
1 Spritzer 7 Up

Zutaten mit zerstoßenem Eis in einen Shaker geben. Gut schütteln und durchs Sieb in ein oder mehrere Shot-Gläser abseihen.

PURPLE ALASKAN THUNDER

1 Teil Jack Daniel's
1 Teil Southern Comfort
1 Teil Amaretto
1 Teil Chambord
1 Teil Ananassaft
1 Teil Sour Mix

Zutaten mit zerstoßenem Eis in einen Shaker geben. Gut schütteln und durchs Sieb in ein oder mehrere Shot-Gläser abseihen.

SAMMY SLAMMER

4 Teile Bourbon
2 Teile Vanillelikör
1 Teil Pfirsichschnaps

Direkt in ein oder mehrere Shot-Gläser füllen.

SHREWSBURY SLAMMER

2 Teile Bourbon
2 Teile Pfirsichschnaps
3 Teile Applecider

Zutaten mit zerstoßenem Eis in einen Shaker geben. Gut schütteln und durchs Sieb in ein oder mehrere Shot-Gläser abseihen.

SICILIAN KISS

1 Teil Bourbon
1 Teil Amaretto

Direkt in ein oder mehrere Shot-Gläser füllen.

SoCo Kamikaze

5 Teile Southern Comfort
3 Teile Triple Sec
4 Teile Limettensaft

Direkt in ein oder mehrere Shot-Gläser füllen.

Southern Blues

1 Teil Southern Comfort
1 Teil Heidelbeerschnaps

Direkt in ein oder mehrere Shot-Gläser füllen.

SOUTHERN BONDAGE

1 Teil Southern Comfort
1 Teil Amaretto
1 Teil Pfirsichschnaps
1 Teil Triple Sec
1 Spritzer Cranberrysaft
1 Spritzer Sour Mix

Zutaten mit zerstoßenem Eis in einen Shaker geben. Gut schütteln und durchs Sieb in ein oder mehrere Shot-Gläser abseihen.

Southern Pride

2 Teile Southern Comfort
1 Teil Pfirsichschnaps

Direkt in ein oder mehrere Shot-Gläser füllen.

Southern Smile

1 Teil Southern Comfort
1 Teil Amaretto
2 Teile Cranberrysaft

Zutaten mit zerstoßenem Eis in einen Shaker geben. Gut schütteln und durchs Sieb in ein oder mehrere Shot-Gläser abseihen.

THREE WISE MEN

1 Teil Jack Daniel's
1 Teil Jim Beam
1 Teil Johnnie Walker

Direkt in ein oder mehrere Shot-Gläser füllen.

VULCAN MIND PROBE

1 Teil Bourbon
1 Teil Ouzo

Direkt in ein oder mehrere Shot-Gläser füllen.

Noch mehr Shooters

Wenn man aufhört zu trinken, muss man sich mit dieser wunderbaren Persönlichkeit auseinandersetzen, die einen überhaupt erst zum Trinken getrieben hat.

Jimmy Breslin

Hier versammeln sich die Außenseiter der Shooter-Gemeinschaft. In diesen Rezepten kommen Spirituosen zum Einsatz, die nicht so einfach in die gebräuchlichen Barkeeper-Kategorien passen (Jägermeister, Bailey's Irish Cream, Rumple Minze). Oder es werden viel zu viele der häufig eingesetzten Alkoholika wie z. B. Rum, Tequila, Wodka und Bourbon kombiniert. Wie dem auch sei, viele von ihnen sind stärker, aromatischer und kreativer als die bisher vorgestellten Shooters. Außerdem brauchen Sie bei vielen dieser Rezepte Zutaten, die Sie vielleicht nicht immer zur Hand haben: Milch, Bonbons, Fruchtsaft, Zucker, Red Bull und anderes, für das Sie einen Abstecher in den Supermarkt machen müssen. Obendrein brauchen Sie Gläser, die größer sind als ein normales Shot- oder Schnapsglas. Befolgen Sie die Anweisungen genau und nehmen Sie die richtigen Gläser. Wir führen Sie nicht in die Irre.

Was Sie noch im Hinterkopf behalten sollten: Die Alkoholika in den folgenden Shooters sind manchmal nicht einfach zu finden oder eher ungewöhnlich. Bei den Rezepten ist etwas Überlegung und Planung sowie etwas Lust zum Aufstöbern gefragt. Lassen Sie es sich von uns gesagt sein: Die Mühe lohnt sich. Beschaffen Sie sich alle nötigen Alkoholika und die weiteren Zutaten. Diese Shooters sind es wert!

BUTTERY NIPPLE

1 Teil Butterscotch-Schnaps
1 Teil Bailey's Irish Cream

Butterscotch in ein oder mehrere Shot-Gläser füllen. Den Bailey's mithilfe eines Löffels einfüllen, aber nicht umrühren.

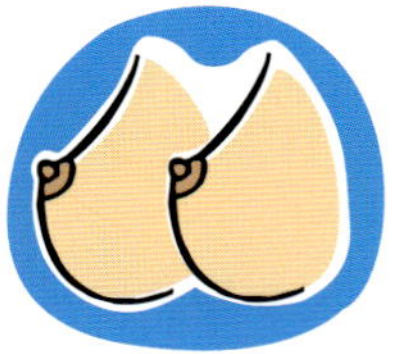

CEMENT MIXER

1 Teil Bailey's Irish Cream
1 Teil Limettensaft

Einen halben Shot Bailey's ins eine Glas und einen halben Shot Limettensaft ins andere Glas füllen. Zuerst den Bailey's trinken und im Mund behalten. Anschließend Limettensaft trinken und den Kopf schütteln, als ahme man einen Zementmixer nach. Die Flüssigkeit hinunterschlucken, bevor sie ganz geronnen ist.

THE CHIQUITA

2 Teile Wodka
1 Teil Crème de Bananes
2 Teile Milch

Zutaten mit zerstoßenem Eis in einen Shaker geben. Gut schütteln und durchs Sieb in ein oder mehrere Shot-Gläser abseihen.

FLAMING CIDER BOMB

2 Teile Hornsby's Cider
1 Teil Hot Damn
2 Hot Tamales (Zimtbonbons)

Alkohol auf zerstoßenes Eis in einen Shaker geben. Gut schütteln und durchs Sieb in ein oder mehrere Shot-Gläser abseihen. Hot Tamales dazugeben und einige Minuten warten, bis sie sich aufgelöst haben.

FOUR HORSEMEN

1 Teil Bourbon
1 Teil Scotch
1 Teil Tequila
1 Teil Jägermeister

Zutaten mit zerstoßenem Eis in einen Shaker geben. Gut schütteln und durchs Sieb in ein oder mehrere Shot-Gläser abseihen.

IRISH CAR BOMB

0,3 l Guinness
2 Teile Jameson
1 Teil Bailey's Irish Cream

Guinness in Bierglas füllen. In separatem Shot-Glas Bailey's auf Jameson schwimmen lassen. Shot-Glas vorsichtig im Guinness versenken und schnell austrinken, damit es nicht gerinnt.

JÄGER BOMB

1 Teil Jägermeister
1 Teil Red Bull

Highball-Glas mit Eis füllen. Halb mit Red Bull füllen und den Rest mit Jägermeister. Mit einem Strohhalm den Drink von unten her austrinken. Nicht mixen und keine Pause machen, bis der Shooter weg ist.

LOBOTOMY

1 Teil Chambord
1 Teil Ananassaft
1 Teil Amaretto
1 Teil Champagner

Die ersten drei Zutaten in einen Shaker mit zerstoßenem Eis geben. Durchs Sieb in ein oder mehrere Shot-Gläser abseihen. Mit Champagner krönen.

1 Teil Wodka Zitrone
1 Teil Rum
1 Teil Midori Melonenlikör
1 Teil Pfirsichschnaps
1 Spritzer Ananassaft
1 Spritzer Sour Mix
1 Spritzer 7 Up

Zutaten mit zerstoßenem Eis in einen Shaker geben. Gut schütteln und durchs Sieb in ein oder mehrere Shot-Gläser abseihen.

1 Teil Bailey's Irish Cream
1 Teil Butterscotch-Schnaps
1 Teil Grand Marnier

Zutaten mit zerstoßenem Eis in einen Shaker geben. Gut schütteln und durchs Sieb in ein oder mehrere Shot-Gläser abseihen.

OATMEAL RAISIN COOKIE

1 Teil Bacardi Rum 75 %
1 Teil Bailey's Irish Cream
1 Teil Goldschläger
1 Teil Jägermeister
1 Teil Kahlúa

Zutaten mit zerstoßenem Eis in einen Shaker geben. Gut schütteln und durchs Sieb in ein oder mehrere Shot-Gläser abseihen.

OIL SPILL

1 Teil Bacardi Rum 75 %
1 Tropfen Kahlúa
1 Teil Everclear

Bacardi in ein oder mehrere Shot-Gläser füllen und dann den Tropfen Kahlúa. Anschließend Everclear hinzugeben.

1 Teil Amaretto
1 Teil Bailey's Irish Cream
1 Teil Kahlúa

Zutaten mit zerstoßenem Eis in einen Shaker geben. Gut schütteln und durchs Sieb in ein oder mehrere Shot-Gläser abseihen.

Als ich von den schlimmen Folgen
des Trinkens las,
gab ich sogleich das Lesen auf.

HENNY YOUNGMAN

PURPLE-HEADED YOGURT SLINGER

2 Teile Tequila Rose
1 Teil Blue Curaçao
1 Teil Grenadine
1 Teelöffel Zucker

Zutaten mit zerstoßenem Eis in einen Shaker
geben. Gut schütteln und durchs Sieb in ein oder
mehrere Shot-Gläser abseihen.

ROCKY MOUNTAIN BEAR PUCKER

1 Teil Bacardi Rum 75 %
1 Teil Jack Daniel's
1 Teil Tequila

Zutaten mit zerstoßenem Eis in einen Shaker
geben. Gut schütteln und durchs Sieb in ein oder
mehrere Shot-Gläser abseihen.

RUMPLE SHOCK

1 Teil Rumple Minze
1 Teil Aftershock

Direkt in ein oder mehrere Shot-Gläser füllen.

RUSTY NAIL

1 Teil Scotch
1 Teil Drambuie

Zutaten mit zerstoßenem Eis in einen Shaker geben. Gut schütteln und durchs Sieb in ein oder mehrere Shot-Gläser abseihen.

SLIPPERY NIPPLE

1 Teil Sambuca
1 Teil Bailey's Irish Cream

Sambuca direkt in ein oder mehrere Shot-Gläser
füllen. Bailey's obenauf schwimmen lassen.

SOPHOMORE MIXER

1 Teil Gin
1 Teil Rum
1 Teil Wodka
1 Teil Blue Curaçao
1 Teil Traubensaft
1 Teil Grapefruitsaft
1 Teil Limettensaft
1 Teil Sour Mix

Zutaten mit zerstoßenem Eis in einen Shaker
geben. Gut schütteln und durchs Sieb in ein oder
mehrere Shot-Gläser abseihen.

Jigglers

*Lass dir nie von einem Urologen
einen Drink ausgeben.*

Erma Bombeck

Jiggler ist eine allgemeine Bezeichnung für einen Shot mit Jell-O. So heißt in den USA die Gelatine (wir mögen Jell-O in unseren Rezepten, weil ... tja, weil uns Bill Cosbys Werbung für Jell-O gefällt). Perfekt für

Partys und andere Festivitäten, aber die Zubereitung benötigt etwas Zeit: Die Jell-O-Shots müssen gekühlt werden, damit sie fest werden können. Wahrscheinlich sollten Sie noch eine Extratour zum Supermarkt einplanen, denn bestimmte Zutaten haben Sie vielleicht nicht unbedingt in der Speisekammer. Außerdem brauchen Sie Töpfe, Schalen und 6-cl-Schnapsgläser (gerne aus Plastik).

Welche Belohnung erwartet Sie? Eine Truppe fröhlicher Freunde, die Ihre Spirituosen essen – genau, essen! – und sie wahrscheinlich gar nicht schmecken können. So landen Sie auf Ihrer Party einen Volltreffer!

Wenn Sie vor Ort kein Jell-O bekommen, tut es auch Götterspeise oder Sie besorgen sich in einem Online-Shop das echte Jell-O. Bei den Rezepten messen wir daher mit amerikanischen 1 *ounce* (oz.) = 30 g. Rechnen Sie das bitte entsprechend in Götterspeisenpulver um.

0,5 l Wasser
3 oz. Cranberry-Jell-O
3 oz. Peach-Jell-O (Pfirsich)
0,2 l Wodka
0,2 l Red Bull

Im Topf das Wasser zum Kochen bringen. Kochendes Wasser in hitzebeständige mittelgroße Schale gießen und die beiden Sorten Jell-O hinzugeben. Rühren, bis alles aufgelöst ist, dann abkühlen lassen. Wodka und Red Bull in die abgekühlte Mixtur einrühren und dann auf 30 kleine Plastikschnapsgläser verteilen. 4 bis 6 Stunden in den Kühlschrank stellen.

90 ml Espresso oder Kaffee

60 ml Milch

60 ml Sahne

1 Teelöffel Schokoladensirup

1 Prise Zimt

15 g geschmacksneutrale Gelatine

90 ml Wodka

60 ml Kahlúa

60 ml Crème de Cacao

In einem kleinen Topf Espresso, Milch, Sahne, Schokoladensirup und Zimt bei mittlerer Hitze vermischen. Mischung zum Kochen bringen und in eine hitzebeständige mittelgroße Schale füllen. Gelatine hinzugeben und rühren, bis alles aufgelöst ist. Abkühlen lassen. Wodka, Kahlúa und Crème de Cacao hinzugeben und verrühren. Mischung in 15 Schnapsgläser füllen und 4 bis 6 Stunden in den Kühlschrank stellen, bis sie fest geworden ist.

250 ml Eierlikör
15 g geschmacksneutrale Gelatine
150 ml Rum
60 ml Kokosmilch
½ Teelöffel Vanilleextrakt
1 Prise Zimt

Eierlikör in einem kleinen Topf langsam zum Kochen bringen und dann in eine mittelgroße, hitzebeständige Schale füllen. Gelatine einrühren, bis sie aufgelöst ist. Abkühlen lassen. Rum, Kokosmilch, Vanilleextrakt und Zimt einrühren. Umrühren und die Mischung in 15 Schnapsgläser füllen. 4 bis 6 Stunden in den Kühlschrank stellen, bis sie fest geworden ist.

250 ml Wasser
3 oz. Cranberry-Jell-O
150 ml Wodka
30 ml Limoncello-Likör
30 ml Limettensaft
30 ml Triple Sec

Wasser in einem kleinen Topf langsam zum Kochen bringen und dann in eine mittelgroße hitzebeständige Schale füllen. Cranberry-Jell-O einrühren, bis alles aufgelöst ist. Abkühlen lassen. Wodka, Limoncello, Limettensaft und Triple Sec einrühren. Umrühren und die Mischung in 15 Schnapsgläser füllen. 4 bis 6 Stunden in den Kühlschrank stellen, bis sie fest geworden ist.

Julep Jigglers

250 ml Wasser
250 ml Bourbon
15 g gemahlene Gelatine ohne Geschmack
½ Tasse fein gehackte Minzblätter
3 Teelöffel sehr feiner Zucker

Wasser in einem kleinen Topf langsam zum Kochen bringen und dann in eine mittelgroße hitzebeständige Schale füllen. Gelatine einrühren, bis sie aufgelöst ist. Abkühlen lassen. In einer kleinen Schale Bourbon, Minzblätter und Zucker zerstampfen, bis der Zucker aufgelöst ist. In die abgekühlte Mischung geben. Umrühren und die Mischung in 15 kleine Pappbecher (60 ml) füllen. 4 bis 6 Stunden in den Kühlschrank stellen, bis sie fest geworden ist.

LIGHTING IN A DIXIE CUP JIGGLERS

250 ml Wasser
3 oz. Lime-Jell-O (Limette)
120 ml Wodka
90 ml Lemon-Lime Gatorade
30 ml KeKe Beach Limonencrèmelikör

Wasser in einem kleinen Topf langsam zum Kochen bringen und dann in eine mittelgroße hitzebeständige Schale füllen. Lime-Jell-O einrühren, bis sie aufgelöst ist. Abkühlen lassen. Wodka, Gatorade und Limonencrèmelikör in die abgekühlte Mischung geben. Umrühren und die Mischung in 15 Schnapsgläser füllen. 4 bis 6 Stunden in den Kühlschrank stellen, bis sie fest geworden ist.

MARY QUITE CONTRARY JIGGLERS

250 ml Tomatensaft
3 oz. Lemon-Jell-O (Zitrone)
120 ml Wodka Pepper
30 ml Limettensaft
½ Teelöffel Wasabi-Paste
1 Spritzer Worcestershire-Sauce

Tomatensaft in einem kleinen Topf langsam zum Kochen bringen und dann in eine mittelgroße hitzebeständige Schale füllen. Lemon-Jell-O einrühren, bis sie aufgelöst ist. Abkühlen lassen. Wodka Pepper, Limettensaft, Wasabi und Worcestershire-Sauce in die abgekühlte Mischung geben. Umrühren und die Mischung in 15 Schnapsgläser füllen. 4 bis 6 Stunden in den Kühlschrank stellen, bis sie fest geworden ist.

180 ml Wasser
3 oz. Lime-Jell-O (Limette)
150 ml Tequila
60 ml Triple Sec
30 ml Limettensaft
30 ml Orangensaft

Wasser in einem kleinen Topf langsam zum Kochen bringen und dann in eine mittelgroße hitzebeständige Schale füllen. Jell-O einrühren, bis alles aufgelöst ist. Abkühlen lassen. Tequila, Triple Sec, Limettensaft und Orangensaft in die abgekühlte Mischung geben. Umrühren und die Mischung in 15 Schnapsgläser füllen. 4 bis 6 Stunden in den Kühlschrank stellen, bis sie fest geworden ist.

Sweet Morning Glory Jigglers

250 ml Wasser
150 ml Weißer Rum
60 ml frischer Grapefruitsaft
30 ml Maraschinolikör

Wasser in einem kleinen Topf langsam zum Kochen bringen und dann in eine mittelgroße hitzebeständige Schale füllen. Lime-Jell-O einrühren, bis alles aufgelöst ist. Abkühlen lassen. Rum, Grapefruitsaft und Maraschinolikör in die abgekühlte Mischung geben. Umrühren, bis alles gut vermischt ist. Die Mischung in 15 Schnapsgläser füllen. 4 bis 6 Stunden in den Kühlschrank stellen, bis sie fest geworden ist.

VERY BERRY JELL-O JIGGLERS

350 ml kochendes Wasser
3 oz. Berry Blue Jell-O (Blaubeere)
120 ml Erdbeerlikör

Wasser in einem kleinen Topf langsam zum Kochen bringen und dann in eine mittelgroße hitzebeständige Schale füllen. Jell-O einrühren, bis alles aufgelöst ist. Abkühlen lassen. Erdbeerlikör in die abgekühlte Mischung geben. Umrühren, bis alles gut vermischt ist. Die Mischung in 15 Schnapsgläser füllen. 4 bis 6 Stunden in den Kühlschrank stellen, bis sie fest geworden ist.

Endlich volljährig

Red', was wahr ist.
Iss, was gar ist.
Trink, was klar ist.

UNBEKANNT

 (wir wollen niemanden
dazu anstiften, sondern stellen es einfach nur
fest). Behalten Sie das im Hinterkopf und
wir geben Ihnen noch ein paar einfach zu
befolgende Richtlinien (man könnte auch
Etikette dazu sagen) als Hilfestellung für
diese einmalige Nacht dazu.

 Feiern Sie in einer Gruppe Ihrer eng-
sten und besten Freunde. Das kann
man gar nicht oft genug betonen.

 Achten Sie darauf, dass Sie keine
Drinks von Gegnern spendiert bekom-
men.

 Bestimmen Sie Ihren besten, stärksten
und vertrauenswürdigsten Freund
dazu, auf Sie aufzupassen. Bitten Sie
ihn (oder sie), niemals von Ihrer Seite
zu weichen, und lassen Sie sich die
Treue schwören (vielleicht mit einem
Blutschwur). Ganz ernsthaft!

 Wenn irgend möglich, machen Sie einen ordentlichen Zug durch die Gemeinde: am besten Kneipen-Hopping. Ernennen Sie nüchterne Fahrer, nehmen Sie ein Taxi oder gehen Sie einfach zu Fuß von einer Bar zur nächsten. Je öfter Sie irgendwo einkehren, desto mehr Drinks bekommen Sie spendiert. Barkeeper haben ein wohlbegründetes Interesse, alle gerade volljährig Gewordenen in lebenslange Kunden zu verwandeln.

 Wechseln Sie sich bei den Shooters ab: Trinken Sie welche, die schwer runterzukriegen sind, abwechselnd mit denen, die nur so wegflutschen. So halten Sie die Nacht länger durch.

 Nehmen Sie Wasser zum Nachspülen, kein Bier.

 Lassen Sie sich Zeit. Schließlich ist das hier eine Feier und kein Wettrennen. Es nötigt Respekt ab, wenn Sie lange durchhalten, und nicht, wenn Sie sich schnell übergeben müssen.

Wenn Sie derjenige sind, der die Runde zur Feier der Volljährigkeit ausgibt, passen Sie auf Ihren Freund auf. Sie mögen ihn so gerne, dass sie mit ihm feiern wollen. Also schicken Sie ihn mit Ihrer Bestellung nicht gleich ins Krankenhaus. Merken Sie sich aber auch die folgenden Shooters, von denen die meisten in die Kategorie „Damit kriegste Haare auf der Brust" fallen.

- Blow Job (siehe Seite 72)
- Dirty Sailor (siehe Seite 60)
- Four Horsemen (siehe Seite 104)
- Liquid Cocaine (siehe Seite 49)
- Lunchbox (siehe Seite 107)
- Mind Eraser (siehe Seite 77)
- Three Wise Men (siehe Seite 99)

Die Favoriten unserer Barkeeper

*Kein Tier hat jemals so etwas Schlechtes
wie die Trunkenheit erfunden –
und keines so etwas Gutes wie einen Drink.*

G. K. CHESTERTON

Jeder gute Barkeeper pflegt seinen persönlichen Shooter – entweder hat er ihn selbst geschaffen oder er serviert ihn immer dann, wenn er hört:

In diesem Abschnitt stellen ein paar unserer Lieblingsmixer aus einigen unserer Lieblingsstädte ihre Favoriten unter den Shooters vor.

Rhett Lynaugh von *Sullivan's Steakhouse* in Indianapolis, Indiana, trägt einen Namen, bei dem garantiert einer eine kluge Anspielung macht. „Nein, das mit *Vom Winde verweht* habe ich noch nie gehört ... wirklich lustiger Zufall", lautet dann seine Antwort, trockener als Wermut. Um potenziellen Spaßvögeln zu begegnen, hat er seine eigene Form des aggressiven Nordstaatlertums entwickelt:

2 Teile Pfirsichschnaps
1 Teil Hot Damn
1 Teil Wodka
1 Spritzer Bacardi 75 %

Die ersten drei Zutaten ins Glas geben und mit Bacardi krönen. Anzünden und kurz brennen lassen. Prost!

CUBBY BLUE

Ehrlich gesagt ist das Herz von Kate Skye in Boston geblieben. Aber weil sie nach Chicago gezogen ist, wo sie bei J² Productions als Partyorganisatorin arbeitet, muss es zumindest so *wirken*, als hätten sich ihre Loyalitäten etwas verschoben. Als sie hinter die Theke ging, schuf sie zu Ehren des Baseballteams ihrer neuen Heimatstadt diese Spezialität. „Hey Chicago", meint Kate Skye, „Boston leidet mit dir. Das ist das Mindeste, was ich tun kann."

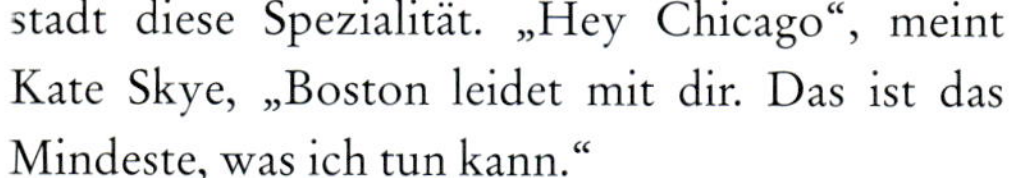

1 Teil Blue Curaçao
1 Teil Bacardi
1 Spritzer Grenadine

Direkt in ein oder mehrere Shot-Gläser füllen.

Green Thing

Der Barmeister Chris Paulding von *O'Shucks Bar & Grill* in Park City, Utah, serviert *Green Thing*, um an einem kalten Winterabend seine Skihasen aufzuwärmen. An jedem anderen Ort der Welt wäre das ein gigantisches Gebilde, doch wegen der restriktiven Alkoholgesetze von Utah müssen sich zwei oder mehr Freunde diesen Shot teilen.

2 Teile Wodka
2 Teile Tequila
1 Teil Rum 75 %
1 Teil Triple Sec
1 Spritzer Rose's Lime Juice
1 Spritzer Sour Mix

Mit Eis im Shaker mixen und in Shot-Gläser geben.

Ja, Jeff Tomlinson ist ein geprüfter Meister der Mixologie. Aber seine Meriten hat er erworben, als er für die Kunst sozusagen Feldforschung betrieb, indem er in unzähligen Bars die Ostküste rauf und runter einschenkte. Er stammt zwar aus New Jersey, hält aber jetzt im *Irish Pub* von Brian Boru in Lake Worth, Florida, Hof und kreiert dort starke Drinks wie den folgenden.

1 Teil Bacardi Limón
1 Teil Watermelon Pucker
1 Spritzer Sour Mix
1 Spritzer 7 Up

Zutaten mit zerstoßenem Eis in einen Shaker geben. Gut schütteln und durchs Sieb in ein oder mehrere Shot-Gläser abseihen.

Rick Wesley kennt sich mit Premieren aus – und nichts anderes bedeutet „Opening Night". Er schenkt sie ständig aus. Rick Wesley ist Barkeeper im *Angus McIndoe*, dieser New Yorker Sehenswürdigkeit direkt neben dem St. James Theater (wo solche bekannten und erfolgreichen Broadway-Shows wie *The Producers* uraufgeführt wurden), und der *Opening Night* ist der typische Drink dieser Bar. Dementsprechend wird im Restaurant bzw. der Bar dieser Drink besonders häufig eingeschenkt, wenn tatsächlich ein Premierenabend ist ... oder wenn ein neuer Schauspieler eine schon lange laufende Rolle übernimmt ... oder wenn ... na, immer wenn es gerade passt. Und falls man Rick Wesley glauben kann, treffen Sie dort, wenn Sie genau im richtigen Moment reinkommen, auf Leute wie Kevin Spacey oder Matthew Broderick oder Brian Dennehy. „Stellen Sie sich diesen Drink als Shooter vor, der in einem Martiniglas serviert wird," sagt Wesley.

2 Teile Ketel One Wodka
1 Spritzer Grand Marnier
1 Spritzer Limettensaft
1 Spritzer Zitronensaft
1 Spritzer Orangensaft
1 Tropfen Ahornsirup
1 Teil Champagner
2 Küsse Chambord

Wodka, Grand Marnier, die Säfte und den Ahornsirup auf Eis in einen Shaker geben. In ein oder mehrere gekühlte Martinigläser geben, deren Rand mit Zucker verziert ist. Mit Champagner krönen und das Ganze mit zwei Küssen Chambord toppen.

Lawrence Herman ist jetzt leitender Barkeeper im *Sandals Regency St. Lucia Golf Resort & Spa*. An seinem zweiten Arbeitstag kam der Chef zu ihm und meinte, er solle bei einem Barkeeper-Wettbewerb mitmachen. „Das hieß, ich sollte mir innerhalb von fünf Minuten einen Drink inklusive Namen einfallen lassen. Er bestand darauf, dass ich das so schnell wie möglich machen sollte." Als er in den Wettbewerb einstieg, hob Lawrence Herman den Kopf und sah nur noch blauen Himmel – kein einziges Wölkchen war zu sehen. „So kam mir der perfekte Name in den Sinn: Sandals Blue," erinnert er sich. „Und wer hätte das gedacht – er gewann den ersten Preis!" Hier ist dieser Abräumer, übersetzt in einen Shooter.

3 Teile Milch
2 Teile Crème de Bananes
1 Teil Blue Curaçao
1 Teil Kahlúa
3 Teile Kokoscrème

Alle Zutaten in einen Shaker auf Eis geben. In Gläser füllen und, wenn noch Platz ist, mit frischen Früchten garnieren.

Der Sundowner wurde vom Barmanager Scott Corry vom *Topper's* im *The Wauwinet* für den benachbarten Wauwinet Yacht Club auf Nantucket Island, Massachusetts, kreiert. (Man sagt, dass der Wauwinet Yacht Club womöglich der älteste in Neuengland sei. Natürlich weiß auch keiner, wer „man" sein soll ...) Der Sundowner ist der Abkömmling eines traditionellen karibischen Rumpunsches und absichtlich nicht so süß wie die meisten Mixgetränke mit Rum, die Sie in den USA finden.

1 Teil Bacardi Silver
1 Teil Dark Rum
1 Teil Light Rum
1 Teil Amaretto
1 Spritzer Bitters
1 Teil Ananassaft
1 Teil Orangensaft
1 Spritzer Cranberrysaft
(„damit man das Neuenglische darin schmeckt")

Zutaten mit zerstoßenem Eis in einen Shaker geben und gut schütteln. In ein oder mehrere Shot-Gläser füllen. Mit frischer Muskatnuss krönen und mit einem Limettenschnitz servieren.

Als Barkeeper ist es das Schwerste herauszufinden, wer betrunken ist und wer einfach nur dumm ist.

RICHARD BRAUNSTEIN